WÜNSCHE

DIE VON HERZEN KOMMEN

TRÄUME sind
aus WÜNSCHEN gewebt.

aus Brasilien

Ob schöne Stunden im Kreise
deiner Lieben, Zeit für dich selbst
oder viel Mut für die großen und
kleinen Herausforderungen des Lebens –
meine Wünsche für dich kommen
von Herzen. Und sollen dich
immer dran erinnern:

Ich denke an dich!

Freunde
schreiben uns
**DIE SCHÖNSTEN
GESCHICHTEN**
in unsere Herzen.

Angelika Emmert

ICH WÜNSCHE DIR

Zeit mit den Menschen,
die dir am Herzen liegen –
wundervolle Stunden voller

Lachen und Freude.

Kehr in dich still zurück,
ruh in dir selber aus,
so fühlst du das höchste Glück.

Friedrich Rückert

Ab und an eine
ruhige Minute zum
Durchatmen, Zurücklehnen
und Loslassen,

die wünsch ich dir.

Jeder gute **Wunsch** ist ein kleiner Schubs auf dem Weg zum *Glück.*

INGRID KOLLER

In jedem **Wünschen** LIEGT SCHON EIN SCHIMMER VON GLÜCK.

HANS MARGOLIUS

Das Wertvollste im Leben ist
die Entfaltung der Persönlichkeit
und ihrer schöpferischen Kräfte.

Albert Einstein

Ich wünsche dir

ein Hobby, in dem du
aufgehst und in dem du dich
VOLL AUSLEBEN KANNST.

Die Menschen, denen wir eine Stütze sind,
die geben uns den Halt im Leben.

Marie von Ebner-Eschenbach

Ich wünsche dir

eine vertraute Person, die
mit dir die großen und kleinen
Herausforderungen des Alltags
bestreitet und ein offenes Ohr
für all das hat, was dir gerade
auf der Seele brennt.

Die schönste Gabe des Lebens ist das Wünschen.

BENEDIKT AMBACHER

Mit guten Wünschen

IM GEPÄCK

WIRD JEDER WEG

LEICHT.

ANGELIKA EMMERT

Loslassen, was
nicht froh sein lässt.
Um Illusionen ärmer,

AN GELASSENHEIT

reicher werden.

Else Pannek

Ich wünsche dir
den Mut, auch mal
einen Neubeginn zu wagen,
wenn du merkst, dass dir
eine Veränderung
GUTTUN WÜRDE.

Der **Zauber** steckt immer im **Detail.**

THEODOR FONTANE

Dass du nie den Blick
für die kleinen Schönheiten
des Alltags verlierst, das
wünsche ich dir

von Herzen.

Ich wünsche dir
die Unbekümmertheit eines Kindes,
um dann und wann die Vernunft
gegen Spaß einzutauschen.

Marion Blum

Ich wünsche dir die Stärke,
VERGANGENES LOSZULASSEN
UND VORWÄRTS ZU SCHAUEN.

CHRISTINE HARTINGER

Die Erinnerungen
sind gepresste
Blumen im Buche
unseres Lebens.

Peter Sirius

"Ich wünsche dir,

dass du schöne Erinnerungen
sammelst und sie wie in einem
kleinen Schatzkästchen in deiner

SEELE BEWAHRST.

Was wir uns

VON HERZEN
WÜNSCHEN,

findet seinen

Weg zu uns.

Ernst Ferstl

Wünschen ist:
AUF EIN ZIEL
zuwandern.

UNBEKANNT

Das Leben nicht in die Zukunft verschieben, sondern auf den Augenblick achten und jetzt leben!

Waldemar Pizarski

Ich wünsche dir,

dass du im Jetzt lebst
und den Augenblick genießt,
statt dich allzu viel um
Vergangenes oder Zukünftiges
zu kümmern.

Die Kontrolle über alles im Leben zu haben,
verhindert die unendliche Freiheit der Hingabe.

Marion Rabe

Die Fähigkeit,
Dinge anzunehmen
und dich auch mal gelassen
zurückzulehnen, wenn du
etwas nicht ändern kannst,
DIE WÜNSCH ICH DIR.

Bunte Blumen sind
kleine Geschenke
für die Sinne.
Gute Wünsche sind
KLEINE GESCHENKE
FÜRS HERZ.

Irmgard Erath

Wünsche dir
DAS UNMÖGLICHE!
ES KÖNNTE
EINTRETEN.

JOHANNA RÜCKERT

Es ist kein Zeichen von Schwäche,
sich auch mal helfen zu lassen.

Lauren Kate

Ich wünsche dir,

dass du Hilfe mit dem
gleichen Freimut annehmen kannst,
mit der du sie anderen

ANBIETEST.

DAS LEBEN IST
ZU AUFREGEND,
als dass man
gemütlich darin
herumsitzen
dürfte.

Peter Bamm

Ich wünsche dir kleine
Abenteuer im Alltag:
ein neues Hobby, eine neue
Bekanntschaft, einen unbekannten
Ort, an dem du noch nie warst.

Ich wünsche
jedem neuen Tag,
dass er dich
GLÜCKLICH
SEHEN MAG.

aus Irland

Ich wünsche dir,

dass das Glück dort
unterwegs ist, wo du ihm
geradewegs in die Arme läufst.

IRMGARD ERATH

"Wer zuversichtlich ist, dem wachsen Flügel.

JAMES MATTHEW BARRIE

Selbstvertrauen

und die Gewissheit, dass es
immer auch wieder bergauf geht,
das ist mein Herzenswunsch
FÜR DICH.

Das wahre Glück, das sind
die kleinen Sonnenstrahlen,
die uns auf den Weg fallen.

unbekannt

Ich wünsche dir
einen unbeschwerten Start
in den Tag und sonnige
Momente, die dir ein
STRAHLENDES LÄCHELN
aufs Gesicht zaubern.

Ich würde mir
wünschen, dass
IN DEN HERZEN
aller Menschen auf
ewig Frühling wäre!

Lucy Maud Montgomery

Nimm dir Zeit für **DEINE WÜNSCHE,** SIE SIND DER WEG ZUM GLÜCK.

MONIKA MINDER

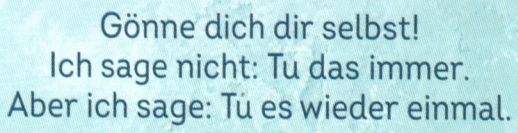

Gönne dich dir selbst!
Ich sage nicht: Tu das immer.
Aber ich sage: Tu es wieder einmal.

Bernhard von Clairvaux

Ich wünsche dir,

dass du dir selbst
ein guter Freund bist! Gönn dir
etwas Schönes, genieße das Leben
und behandle dich selbst so, wie du
mit deinen Lieben umgehst.

In der Einfachheit und Stille
der Natur findet der Mensch
die Lebenskraft.

Peter Urban

Ich wünsche dir
einen Kraftort, an den
du dich immer zurückziehen
kannst, wenn du wieder Energie
tanken möchtest.

Ich wünsche dir den Mut,
Zäune zu überspringen,
um Neuland zu betreten.

Marion Blum

Mögest du

Ruhe finden,

wenn der Tag sich neigt und deine
Gedanken noch einmal die Orte
aufsuchen, an denen du heute
GUTES ERFAHREN HAST.

IRISCHER SEGENSWUNSCH

Zu guter Letzt

wünsche ich dir eines: Dass du nie aufhörst, deine eigenen Wünsche und Sehnsüchte zu verfolgen und dir den einen oder anderen Herzenstraum zu

ERFÜLLEN.

Textnachweis: Wir danken allen Autoren bzw. deren Erben, die uns freundlicherweise die Erlaubnis zum Abdruck von Texten erteilt haben.

Bildnachweis: Bildnachweis: Cover + Seite 2: Laptinoff Juliette/Shutterstock.com; Aquarell-Hintergründe: MYMNY/Shutterstock.com; Olly Molly/Shutterstock.com; StockArtRoom/Shutterstock.com. S. 4: Alla Simacheva/Shutterstock.com: S. 6: the_burtons/Moment/Getty Images; S. 8: Lithiumphoto/Shutterstock.com; S.10: Chamille White/Shutterstock.com; S. 12: Alexander Spatari/Moment/Getty Images; S. 14: Michael Moeller/EyeEm/Getty Images; S. 16: Westend61/Getty Images; S. 18: By Anna Rostova/Moment/Getty Images; S. 20: Tatevosian Yana/Shutterstock.com; S. 22: Africa Studio/Shutterstock.com; S. 24: Akuma-Photo/Shutterstock.com; S. 26: Roman Bodnarchuk/Shutterstock.com; S. 28: the_burtons/Moment/Getty Images; S. 30: CatLane/E+/Getty Images; S. 32: SewCream/Shutterstock.com; S. 34: Raquel Perez Garrido/EyeEm/Getty Images; S. 36: SEAN GLADWELL/Moment/Getty Images; S. 38: James O'Neil/The Image Bank/Getty Images; S. 40: konradlew/E+/Getty Images; S. 42: sedir/Shutterstock.com; S. 44: Rimma Bondarenko/Shutterstock.com; S. 46: Toni Hoffmann/Moment/Getty Images; S. 48: the_burtons/Moment/Getty Images; S. 50: Julia Davila-Lampe/Moment/Getty Images.

Cover: Barbara Fuchs, Layout: Doris Wohofsky

Gesamtherstellung: Printfactory, Istanbul

Wünsche, die von Herzen kommen
GTIN 978-3-8485-0165-6
© 2022 Groh Verlag. Ein Imprint der Verlagsgruppe
Droemer Knaur GmbH & Co. KG, München
www.groh.de

45678